AF456738

PROPOSITION DE LOI

SUR LA

PROPRIÉTÉ INTELLECTUELLE

PAR LE COMITÉ

DE LA

SOCIÉTÉ DES GENS DE LETTRES.

PARIS,

AU SIÉGE DE LA SOCIÉTÉ,

CITÉ TRÉVISE, 14.

—

1861.

PROPOSITION DE LOI

SUR LA

PROPRIÉTÉ INTELLECTUELLE

PAR LE

COMITÉ DE LA SOCIÉTÉ DES GENS DE LETTRES.

Le gouvernement prépare un projet de loi sur la Propriété intellectuelle. Le Comité de la Société des Gens de lettres (1) a cru de son devoir de fournir à ce travail préparatoire son contingent d'études. Il a chargé une commission spéciale (2) de réunir les éléments de la discussion. M. Frédéric Thomas a été chargé du premier rapport au nom de la commission.

RAPPORT DE M. FRÉDÉRIC THOMAS.

Messieurs,

Votre Comité ne pouvait rester indifférent en présence d'une question qui touche de si près à la prospérité de tous les gens de lettres. Il devait apporter le tribut de ses incessantes préoccupations, et le poids de son avis dans la préparation d'une loi nouvelle qui, après les vicissitudes et les ex-

(1) Le Comité est composé de MM. Francis Wey, président; Emmanuel Gonzalès et Paul Juillerat, vice-présidents; Charles Basset, Étienne Énault et Charles Muller, secrétaires; Édouard Fournier et Léo Lespès, rapporteurs; Auguste Vitu et Louis Énault, questeurs; Jean Lafitte, archiviste, et de MM. Amédée Achard, Henry Celliez, Charles Deslys, Paul Féval, Léon Gozlan, Achille Jubinal, Paul Lacroix, G. de la Landelle, Hippolyte Lucas, Méry, Xavier Saintine, Albéric Second, le baron Taylor.

(2) La commission est composée de MM. le baron Taylor, président; de la Landelle, Étienne Énault, Léo Lespès, et de MM. Henry Celliez et Frédéric Thomas, rapporteurs.

pédients que la question a traversés, proclamera, nous l'espérons, d'une manière absolue et définitive, le grand principe de la propriété littéraire.

Toutefois, avant de se livrer à une discussion générale, votre Comité a voulu qu'une commission en dégageât les éléments et en recherchât les formules, se réservant ensuite le soin d'en réglementer lui-même les applications.

Votre commission a entrepris ce travail préliminaire et a bien voulu me charger de venir vous présenter le résumé de nos conférences.

Votre commission a été frappée tout d'abord du régime d'infériorité, de subordination et pour ainsi dire de tolérance qu'a dû subir presque jusqu'à nos jours, et à part de très-rares exceptions, ce que nous ne craignons plus d'appeler aujourd'hui : la Propriété littéraire.

Si un citoyen parvenait à créer ou à conquérir un champ au milieu d'un désert ou d'une solitude n'appartenant à personne, que penser d'une loi qui viendrait dire à cet homme :

« Ce champ que tu as conquis, que tu as presque tiré du néant, n'est pas ta propriété. On te le laissera bien posséder jusqu'à ta mort ; on permettra même à ta veuve, sa vie durant, d'en cueillir les fruits ; mais la tolérance, car c'est une pure tolérance, ne va pas plus loin. Ton fils sera dépossédé après une concession que, par grâce, nous avons étendue de cinq ans à trente ; mais, ces trente ans passés, ton fils sera expulsé de ton champ, qui deviendra la proie de tout le monde. »

N'est-ce pas que s'il existait une loi pareille, tous les propriétaires de l'univers se révolteraient ? « Eh quoi ! s'écrieraient-ils, vous avez supprimé la confiscation, cette peine barbare destinée aux grands criminels, et voilà que vous l'appliquez non pas aux coupables, ce qui, après tout, constituait la justice de l'ancien temps, mais vous l'infligez aux citoyens les plus utiles, ce qui ne peut être la justice d'aucun temps ni d'aucun pays. Vous violez tous les droits, vous faussez tous les principes, vous attentez à l'ordre social. »

Telles sont les protestations qui s'élèveraient de toutes parts contre cette criante injustice s'il s'agissait d'un champ, et voilà pourtant ce qu'on admet alors qu'il s'agit d'un livre ; voilà ce que la loi actuelle qui régit la propriété littéraire consacre tous les jours ; voilà comment la société la plus civilisée du monde, la société française, traite les hommes qui la glorifient le plus, les hommes qui sont sa langue, sa couronne, son génie ; les hommes qui font que la France est la France, c'est-à-dire la *nation soleil*, la reine par la science et l'esprit.

Hélas ! oui, une loi existe, une loi qu'on a corrigée quatre fois sans la rendre bonne, et qui organise, à l'encontre des auteurs, une spoliation véritable déguisée sous cet euphémisme : *le domaine public.* Cette loi qui a voulu protéger les écrivains les dépouille au contraire, et cela en présence de la fille de Sedaine, qui, vieille et aveugle, vit d'aumônes dans un coin de la Touraine, en présence aussi de la petite-fille de Racine, qu'il a fallu doter par une souscription de charité.

A quoi tient donc ce régime des temps barbares? Pourquoi les auteurs ont-ils été mis hors le droit commun ?

Est-ce que la propriété d'un livre serait moins intéressante ou moins légitime que la propriété d'une maison ?

Bien loin de là : presque tous les légistes qui ont parlé ou écrit sur cette matière reconnaissent à l'envi que la propriété intellectuelle est *la plus sacrée, la plus personnelle et la plus inattaquable* de toutes les propriétés.

Un docteur de la loi, qui a laissé de lumineuses empreintes dans sa triple carrière de magistrat, de législateur et de jurisconsulte, M. le comte Portalis, s'exprimait ainsi devant la Chambre des pairs le 25 mai 1839 :

« Le sujet de la propriété, c'est l'homme ; toutes les choses que l'homme » peut faire siennes en sont l'objet. C'est par le travail et la possession que » l'homme peut faire siennes des choses qui sont hors de lui... Mais si » l'homme peut s'approprier les choses qui sont hors de lui et qui lui sont » complètement étrangères, comment ne pourrait-il pas, nous ne disons » pas *acquérir*, mais conserver la propriété de ses pensées, de l'expression » de ses pensées, de la manifestation extérieure des opérations de son intel- » ligence, des inventions de son génie, des combinaisons et des jeux de son » imagination, après qu'il les a mis au jour ? »

Est-il possible de démontrer mieux que cet éminent légiste la supériorité de la propriété littéraire sur la propriété de droit commun ? En effet, la propriété ordinaire a besoin d'acquérir, la propriété littéraire n'a besoin que de conserver. Par la première, l'homme fait siennes les choses qui sont *hors de lui, qui lui sont complètement étrangères ;* par la seconde, il fait siennes les choses qui sont en lui, qui sont les émanations de son âme, les inspirations de son esprit.

Quoi de plus juste, après cela, que de laisser participer cette propriété aux bénéfices du droit commun ?

Le prince qui préside aujourd'hui aux destinées de la France n'hésite pas à admettre cette assimilation.

« Je crois, a-t-il écrit, que l'œuvre intellectuelle est une propriété comme » une terre, comme une maison ; qu'elle doit jouir des mêmes droits et ne » pourrait être aliénée que pour cause d'utilité publique. »

Votre commission pense que la vérité est là, que toute logique doit aboutir à ce principe et à cette solution.

La propriété littéraire est une propriété plus *personnelle*, plus *sacrée*, plus *inattaquable* que la propriété ordinaire ; mais c'est une propriété : elle en a tous les caractères; elle s'acquiert et se transmet de la même manière. On peut lui appliquer toutes les lois générales de la propriété de droit commun.

Seulement, comme elle est une propriété *sui generis*, qu'elle se produit par une manifestation spéciale, elle nécessite une réglementation toute particulière. Exactement comme certaines propriétés d'une nature singulière, comme les mines, les étangs, les bois, les canaux, les rivières, les usines, etc.

Il serait aussi illogique de prétendre que la propriété littéraire n'est pas une propriété, parce que la propriété d'un livre n'est pas absolument assimilable à la propriété d'un champ, que de prétendre qu'une mine n'est pas une propriété, parce qu'elle n'est pas non plus assimilable de tout point à la propriété d'une maison.

Or, qui dit propriété, dit forcément perpétuité.

Quand la pérennité de la propriété littéraire sera reconnue, quand la loi sera faite, quand nos descendants la pratiqueront en jouissant de ses bienfaits, ils ne voudront pas croire que cette loi ait coûté tant de luttes et rencontré tant d'obstacles ; ils ne voudront pas croire surtout qu'elle soit arrivée si tard, et qu'elle n'ait pas été contemporaine du premier livre échappé tout humide de la merveilleuse étreinte de Gutenberg. Il viendra un jour prochain où l'on ne comprendra pas qu'on ait pu confisquer plutôt un livre qu'un champ aux héritiers d'un homme de lettres.

C'est à nous, qui avons vécu dans l'enfantement de ce droit nouveau, à expliquer pourquoi cette pérennité de la propriété intellectuelle aura été arrachée pièce à pièce et lambeaux par lambeaux.

Il existe de cela deux motifs : l'un, très-mesquin, très-étroit ; l'autre, très-élevé et très-généreux.

Le motif mesquin, le voici :

Si tout le monde est ou peut espérer devenir propriétaire, peu de gens, au contraire, peuvent prétendre au talent, encore moins au génie. Or, le petit nombre de ceux qui en ont humilie toujours le grand nombre de ceux qui n'en ont pas. C'est en fait d'intelligence qu'il est surtout exact de dire : *Notre ennemi, c'est notre maître.*

Les grands hommes sont tenus d'expier leur supériorité ; de là vient que dans tous les temps ils en ont été punis. La spoliation actuelle n'est qu'un diminutif des bûchers du moyen âge.

On a commencé par brûler les écrivains en les traitant de sorciers ; on se contente de les dépouiller aujourd'hui ; il y a progrès. Venus plus tôt, on les eût condamnés au feu ; on ne les condamne qu'à la misère ; c'est une amélioration capitale ; on finira par les traiter comme tout le monde.

Passons maintenant au motif généreux.

C'est un bon sentiment qui a établi la législation actuelle touchant la propriété des œuvres de l'esprit. Ce bon sentiment n'est autre que la préoccupation du progrès de l'humanité par la propagation des idées et qu'une vive sollicitude pour la diffusion des lumières.

Le législateur a envisagé surtout l'intérêt social. Et c'est l'exagération de cette noble inquiétude qui détermina la république à ne donner à l'auteur que l'usufruit de son œuvre, se hâtant d'en abandonner la propriété à tout le monde. Tel est l'esprit de la loi si défectueuse du 19 juillet 1793.

Les révolutionnaires n'avaient pas oublié les grandes persécutions qu'avaient traversées l'imprimerie et le livre sous l'ancien régime. Ils se souvenaient que les imprimeurs avaient été surveillés et parqués dans un quartier spécial, sous l'œil inquiet de l'ombrageuse Sorbonne ; que quelques-uns avaient été bannis pour avoir traduit la Bible en langue vulgaire. Enfin, ils songeaient aux livres brûlés par la main du bourreau et par arrêt du Parlement.

C'est pour cela, c'est pour éviter de nouvelles main-mises sur les conquêtes de l'intelligence que les législateurs de 1793 se dépêchèrent de faire du livre un butin social. Ils espéraient ainsi, en le plaçant sous la protection des besoins et des intérêts de tous, le sauvegarder mieux que s'ils l'eussent abandonné à quelques-uns, ceux-là fussent-ils les vrais et légitimes propriétaires de ce livre.

La république se trompait en ce point-là. Il est aussi impossible de détruire à tout jamais un livre imprimé, qu'il est impossible, selon le mot d'un ancien, d'enfouir le soleil en terre. L'imprimerie a fait le livre indestructible et immortel.

Dans la période du manuscrit, le livre n'avait qu'une tête; aujourd'hui il en a cent, mille, dix mille, et toutes ces têtes sont comme celles de l'hydre : elles repoussent à mesure qu'on les coupe.

La loi elle-même est impuissante à détruire complétement un livre. Rappelons-nous ce que raconte Grimm des ouvrages condamnés au feu par arrêt du Parlement. Le bourreau brûlait de vieux papiers et la justice aimait à se laisser tromper par ce feu de paille.

« Ne croyez pas, écrit le philosophe, que l'exécuteur des hautes œuvres » ait la permission de jeter au feu les livres dont les titres figurent dans l'ar- » rêt de la cour. Messieurs seraient très-fâchés de priver leur bibliothèque

» d'un exemplaire de chacun des ouvrages qui leur revient de droit, et le
» greffier y supplée par quelques malheureux rôles de chicane, dont la pro-
» vision ne lui manque pas. »

La difficulté de supprimer un livre imprimé est si grande que l'intérêt social n'aurait presque jamais à craindre l'intérêt privé. Les héritiers se garderaient bien d'anéantir une propriété dont ils pourraient recueillir les fruits. L'intérêt, qui est le plus grand monarque du monde, pour parler comme Montesquieu, les solliciterait à ne pas enfouir un trésor. Et, voudraient-ils le faire, que l'expropriation, ce dépouillement légitime d'un seul au profit de tous, viendrait les en empêcher.

Toutefois il suffit qu'il y ait là un danger pour qu'au nom de l'intérêt social la nouvelle loi doive le prévenir.

L'intelligence fournit à l'humanité son pain spirituel. Et quoique la société n'ait pas cru toujours devoir se réserver un droit spécial sur le blé, par exemple, qui est le pain matériel de l'homme, nous trouvons légitime qu'elle se montre plus exigeante dans les choses de l'esprit.

Donc, que les propriétaires des œuvres de l'intelligence aient la faculté d'en administrer l'exploitation et d'en recueillir les fruits ; mais à une condition indispensable, celle de ne pas laisser cette propriété infructueuse et stérile entre leurs mains.

L'auteur seul a le droit d'administrer son œuvre comme il l'entend : seul il a le droit d'en refuser la publication. Que les héritiers du sang qui continuent le père fassent tout ce que le père aurait pu faire lui-même, parce que dans cette question sacrée de l'honneur du nom et de la famille le juge souverain doit être le chef de la famille et à son défaut ses héritiers directs ; mais que là s'arrête cette omnipotence personnelle, et qu'en dehors de cette exception chaque citoyen puisse venir dire aux propriétaires d'un livre : Publiez-le ou je le publie moi-même.

Voilà où il faut tendre, voilà ce qu'il faut obtenir, parce que c'est la justice et la vérité.

Le moyen importe peu. Qu'on adopte l'assimilation complète de la propriété littéraire à la propriété du droit commun ; qu'on préfère le système de rétribution perpétuelle aux familles des auteurs, d'après le projet de loi éclos de cette illustre collaboration Cuvier, Bellart, Vatimesnil ; qu'on institue, selon le vœu de M. le comte Portalis, « le *grand livre* de la propriété in-
» tellectuelle... dans lequel seraient enregistrés les droits des familles sur
» les productions du génie qui ont éclairé le monde : ce grand livre dont
» les inscriptions seraient une nouvelle liste de capitaux qui auraient accru
» la somme des richesses nationales et qui doteraient de nobles familles dés-
» héritées du territoire ; »

Qu'on fasse ceci ou cela; qu'on prenne ce chemin ou qu'on en prenne un autre, peu nous importe, pourvu qu'on arrive à la même destination : la pérennité de la propriété intellectuelle.

Ce mot inscrit dans nos lois, on aura consacré un grand principe, proclamé une vérité féconde et changé la face des choses.

Y a-t-il rien de plus efficace pour combattre cette passion du gain sans le travail, cette fièvre de la spéculation et du jeu contre laquelle on tonne du haut de toutes les chaires et de toutes les tribunes ?

En effet, trouvez donc une spéculation supérieure à celle qui peut mettre la source du Pactole dans une écritoire de vingt centimes. Supposez un moment cette perpétuité passée à l'état d'institution sous Louis XIV, et calculez ce qu'auraient déjà produit les *Caractères* de La Bruyère, cette œuvre qui vivra autant que notre langue, et dont l'auteur espérait si peu qu'il en fit cadeau à la fille de son libraire.

Eh quoi ! le *rien faire* de La Fontaine aurait déjà rapporté à ses héritiers plus que la fortune d'un Fouquet ou d'un Samuel Bernard ! Quelle révélation et en même temps quelle incitation au travail, et quelle émulation pour les nobles recherches et les grandes études !

Vous voulez tuer le veau d'or ! constituez en face de lui la *fortune de l'idée ;* qu'on ne dise plus d'un petit-fils : « Il est riche parce que son grand-père fut un surintendant, un fermier-général ou simplement un usurier ; » mais qu'on dise : « Il est riche parce qu'un de ses ancêtres fut un homme de génie; » et vous aurez fait une révolution sociale.

C'est alors que le public respectera enfin ces savants, ces songes creux qu'il tenait en si naïve pitié.

M. de Belloy avait un neveu dans le commerce. Ce neveu, à la mort de son oncle, découvrit avec surprise que *Gabrielle de Vergy* et le *Siége de Calais* avaient rapporté de beaux bénéfices à l'auteur. « Ah ! diable ! se prit-il à dire avec regret, mon oncle aurait bien dû m'apprendre à faire des tragédies, j'en aurais fait le dimanche. »

Et de ce jour-là ce neveu respecta les tragédies et ceux qui les font.

Autre considération. Par cette nouvelle loi, vous décrétez la majorité de l'esprit, tenu en tutelle jusqu'à ce jour; vous moralisez les lettres et vous dotez la société d'un nouvel élément de prospérité et de conservation.

Si les écrivains ont fait quelquefois bon marché de la propriété en général, n'est-ce point parce qu'on leur déniait leur propriété à eux, la propriété de l'esprit ?

Un des effets les plus salutaires de cette loi, ce sera de créer une nouvelle classe de propriétaires, ce sera d'avoir incorporé une légion de volontaires dans la grande armée de la propriété, ce sera d'avoir institué les propriétaires de l'intelligence.

Ainsi une grande iniquité cesse;

Une suprême justice s'installe.

Votre commission vous propose d'abord d'adopter ces idées et ces principes et d'en faire régler la codification par le Comité tout entier.

De là sortira un projet de loi que nous soumettrons aux législateurs officiels, pour qu'ils le consultent quand ils établiront prochainement la loi définitive de la propriété littéraire.

Et à ceux qui signeront cette loi, nous serons heureux de dire : Honneur à vous! Le travail ennobli et récompensé vous remercie! Honneur à vous qui avez inauguré l'indépendance de la gloire, la dignité du génie et bien mérité de l'esprit humain!

Ce rapport a été suivi d'une discussion développée à la suite de laquelle a été adoptée la proposition qui formule le principe de la loi :

« *Le droit exclusif de Publication des Œuvres de l'Intelligence constitue,* » *dans la personne de l'auteur et de ses héritiers à perpétuité, une* PROPRIÉTÉ. »

Le Comité a renvoyé à la commission la rédaction d'un projet de loi conforme au principe adopté. M. Henry Celliez a été chargé de présenter au Comité le rapport et les articles du projet, qui ont été adoptés à l'unanimité.

RAPPORT DE M. HENRY CELLIEZ.

I.—*De la propriété intellectuelle.*

§

La commission n'a plus à s'occuper du principe même de la propriété des œuvres de l'intelligence.

Le vote du Comité a tranché le débat dans lequel celui qui écrit ces lignes s'est trouvé presque le seul contradicteur de l'assimilation de la propriété intellectuelle à la propriété ordinaire. Malgré cette opinion qui m'est personnelle, votre commission m'a fait l'honneur de me charger de vous présenter son rapport sur les moyens d'introduire dans la législation la pratique du principe que vous avez voté, et qui, en précisant l'*objet* de la propriété, fait disparaître les motifs sur lesquels on se fondait pour repousser la pérennité de cette propriété.

§

Divers systèmes ont été placés sous les yeux de la commission ou rappelés à ses souvenirs.

Les souvenirs remontent loin, et ne pouvaient échapper à notre examen, car nous comptions parmi nous un des éminents commissaires (1), qui furent chargés, en 1825, de préparer une loi, et nous travaillions avec le concours du savant et persévérant secrétaire de cette commission de 1825 (2).

Nos délibérations ont été singulièrement facilitées par la lecture des formules complètes de deux systèmes exposés l'un par M. Jules Mareschal dans son *Mémoire à consulter sur la question juridique de la propriété perpétuelle et héréditaire des œuvres de l'esprit*, l'autre par M. J. Hetzel, dans sa brochure intitulée : *La Propriété littéraire et le Domaine public payant.*

Tous deux s'efforcent de concilier le droit qui appartient à l'auteur, de régler absolument la communication au public de l'œuvre littéraire ou artistique, expression de sa pensée, et le droit, qui appartient au public, de jouir indéfiniment de l'œuvre qui lui a été livrée.

Tous deux ont pour but d'assurer à l'auteur et à ses héritiers, à perpétuité, le produit pécuniaire de la publication de l'œuvre.

M. Jules Mareschal propose (après avoir assis le droit de l'auteur et de ses héritiers en leur réservant à toujours la faculté exclusive de publier l'œuvre), de garantir le public contre le chômage de l'édition, en autorisant quiconque le voudra à reproduire l'œuvre qui, à une époque quelconque après la mort de l'auteur, sera restée dix ans sans édition nouvelle.

Il n'impose pas au publicateur l'obligation de payer une redevance à l'héritier.

M. Hetzel propose de décréter la libre publication par tout le monde, *aussitôt après le décès de l'auteur*, mais à la condition de payer perpétuellement aux héritiers une *redevance* proportionnelle au prix fort de vente de l'œuvre publiée.

(1) M. le baron Taylor.

(2) M. Jules Mareschal.

§

Dans le débat, très-pacifique mais très-vivace, qu'a excité l'examen de ces deux projets, votre commission s'est également préoccupée des trois termes du problème à résoudre : — Droit intellectuel de l'auteur, — droit moral de la société,— et droit de l'auteur et des héritiers au produit matériel de la publication.

§

Le droit exclusif de publication doit être surtout envisagé par la Société des Gens de lettres comme assurant à l'auteur la faculté de régler, suivant son goût, suivant son opinion, suivant sa conscience, la communication de son œuvre au public ; d'étendre ou de restreindre cette communication en demeurant le seul juge de l'opportunité, parce qu'il est le seul maître légitime de l'œuvre créée par son esprit.

C'est sur ce fait de la création de l'œuvre que se fonde le droit à la propriété réclamée par vous, Messieurs, fait au moins aussi respectable que le fait de possession sur lequel se fonde, dans l'origine, le droit à la propriété des biens matériels.

Le droit à la propriété étant justifié *spirituellement*, si l'on peut s'exprimer ainsi, la conséquence qui en découle naturellement est l'attribution exclusive, aux légitimes propriétaires, des *produits matériels* de cette propriété.

Et cette attribution ne devra pas rester temporaire, comme le veulent les lois actuelles qu'il s'agit de réformer. Elle devra être perpétuelle et absolue, la perpétuité étant le caractère essentiel de la propriété.

Mais si l'on proclamait sous forme de loi cette simple déclaration, qui a été votée par le Comité : « Le droit exclusif de publication constitue une propriété, » la conséquence serait une assimilation absolue à la propriété en général, en ce sens que ce *bien* nouveau qui aurait été décrété s'ajouterait aux autres biens des citoyens et serait soumis aux vicissitudes de tous les autres biens ; notamment il serait, comme les autres biens, le gage des créanciers de l'auteur et ainsi exposé à la saisie et à la vente judiciaire, même du vivant de l'auteur.

Or, la Société des Gens de lettres ne peut pas vouloir que l'extension du droit aux résultats matériels de la propriété diminue le droit intellectuel et moral que les lois actuelles reconnaissent à l'*auteur* quant à la communication de son œuvre au public. Il ne se peut pas que la loi nouvelle ait pour effet de contraindre l'auteur à voir reproduire malgré lui, contre *son goût, son opinion ou sa conscience*, l'œuvre qu'il aura une fois livrée à la publicité, qui sera ainsi devenue un élément de propriété, et qu'un créancier aura saisie et fait vendre en justice pour se procurer le paiement d'une dette souvent minime.

Faudra-t-il donc introduire dans la loi nouvelle une exception qui semblerait exorbitante, dans sa forme, et dire : La propriété de l'œuvre intellectuelle sera insaisissable du vivant de l'auteur ?

Il semble préférable de prendre pour point de départ ce qui est, ce que la législation a décrété, ce que la pratique a consacré, ce qui est admis sans difficulté par tout le monde,—en conservant, sauf à l'étendre par une addition, la formule de la loi du 19 juillet 1793, qui donne à l'*auteur un droit personnel* absolu et incontesté.

L'addition touchera les *descendants* et les proches parents de l'auteur.

Votre commission, en effet, a été très-émue de l'observation qui lui a été présentée à ce sujet.

Un écrivain a publié dans sa jeunesse une œuvre légère, que son âge mûr répudie ; sa conscience s'est éclairée ; la foi a, dans son cœur, remplacé le scepticisme. Il met tous ses soins à faire rentrer dans l'ombre l'œuvre qu'il regrette d'avoir mise en lumière. Tant qu'il vivra, il demeurera maître d'empêcher toute réimpression. Il meurt, laissant un fils qui veut respecter les scrupules paternels. Mais le créancier est là qui, voyant dans le scandale une source de fortune, poursuivra sur le *bien* de l'héritier l'exécution des jugements qu'il aura obtenus contre le père, saisira le livre enseveli dans l'oubli et le fera vendre aux enchères, certain de trouver toujours acquéreur parmi les éditeurs qui ne craignent pas de spéculer sur la maligne curiosité du public.

Vous voudrez, Messieurs, que la loi nouvelle ne tolère pas cette énormité.

Il suffira de l'addition de quelques mots dans le texte de 1793, pour assurer à la veuve, aux descendants, aux ascendants, aux frères et sœurs de l'auteur, les moyens de faire respecter la volonté de celui qui n'est plus en réglant, comme il le ferait lui-même s'il était encore vivant, la communication de son œuvre au public.

Cette liberté de l'auteur continuée dans ceux qui lui sont unis par les liens les plus sacrés est avant tout du domaine de la liberté de *conscience*. L'exemple qui vient d'être cité en fait comprendre toute l'importance. En outre, ce qui intéresse la réputation d'un écrivain au point de vue du *goût* et de l'*opinion* mérite aussi l'attention du législateur.

La mémoire de l'auteur ne peut pas avoir de gardiens plus fidèles que ses descendants, sa veuve, ses ascendants, ses frères et sœurs. Ce qu'il y a de plus propre à resserrer le lien de la famille est la communauté des pensées et des sentiments. L'honneur est le mobile le plus puissant et le plus respectable. Établir, en la fondant sur la propriété intellectuelle, la solidarité des membres de la famille dans le sentiment de l'honneur, c'est faire quelque chose d'analogue à ce qu'ont fait nos ancêtres (et de plus grand) lorsqu'ils fondaient sur une propriété immobilière, qui ne sortait pas de la famille et qui lui imprimait son nom, la solidarité de l'honneur de la maison. Donnons aux familles de nos grands et honnêtes écrivains un instrument pour conserver intact le dépôt de leurs œuvres qui, transmises et respectées de père en fils, formeront les assises d'une véritable noblesse.

On pourrait donc placer en tête de la loi nouvelle le principe que vous avez adopté, suivi de la règle formulée par la loi de 1793 qu'on développerait sans l'altérer.

Art. 1. — Le droit exclusif de publication des œuvres de l'intelligence constitue dans la personne de l'auteur et de ses héritiers, à perpétuité, une propriété.

Art. 2.—En conséquence, les auteurs d'écrits en tous genres, les compositeurs de musique, les peintres dessinateurs et sculpteurs, jouiront durant leur vie entière du droit exclusif et personnel de reproduire et de faire reproduire leurs ouvrages, de les vendre, faire vendre et distribuer, de les exposer ou faire représenter en public.

Art. 3. — Le conjoint survivant de l'auteur, à défaut de conjoint survivant les descendants, à leur défaut les ascendants, et à défaut d'ascendant les frères ou sœurs, jouiront du même droit exclusif et personnel.

Art. 4. — Les autres héritiers collatéraux, et les cessionnaires de l'auteur et de ses héritiers, auront également à perpétuité le droit exclusif de publication. Mais cette propriété ne sera plus exclusivement attachée à leur personne; elle passera dans leurs biens au même titre que toutes autres propriétés.

§

Ces dispositions assureraient à la fois le droit intellectuel de l'auteur et de la famille qui le représente ou le continue, et le droit matériel sur les produits de l'œuvre.

Ainsi serait établie la *propriété* sur les œuvres de l'esprit, conformément à la nature spéciale de ces œuvres.

Au point de vue intellectuel et moral, l'auteur et ses proches parents demeurent libres, entièrement libres, — soit de conserver la direction de la publication, ce que M. Hetzel appelle fort bien la *gestion* de la propriété, et de réserver ainsi leur intervention *personnelle* dans toute communication de l'œuvre au public, — soit de mesurer comme ils le jugeront à propos leur participation à l'industrie d'exploitation matérielle de l'œuvre de l'esprit,— soit d'abandonner entièrement, comme vous allez le voir, aux libraires ou autres éditeurs, cette exploitation industrielle d'une œuvre qu'ils jugeront propre à la reproduction indéfinie.

II. — *Du Domaine public payant.*

§

Par les dispositions qui précèdent, la loi nouvelle aura donc sauvegardé le droit intellectuel et moral de l'auteur et de sa famille, droit qui a le premier rang, parce que, pour provoquer les œuvres utiles et généreuses, il faut, autant que cela dépend de la loi, assurer à ceux qui les créent la liberté, la considération et le bien-être.

Voilà l'œuvre créée, voilà l'auteur et sa famille mis en mesure de soigner et conserver l'œuvre ; maintenant cherchons le moyen de garantir le droit du public. Car les autres hommes, qui ont reçu la communication des sentiments et des pensées exprimés par la parole, par la musique, par le dessin, par la peinture, par la sculpture, par toutes les formes de l'art qui sont dans l'humanité la plus haute manifestation de la vie divine, les autres hommes qui sont ainsi pénétrés de ces sentiments et de ces idées ont le droit de s'instruire réciproquement à la vue de ce spectacle qui fait l'éducation de l'âme. Ce commun domaine ouvert à la libre circulation de l'esprit humain est le champ fécond de la civilisation. Il faut qu'il soit incessamment cultivé. Nul, pas même l'héritier ou le cessionnaire de celui qui a jeté dans une parcelle de ce vaste champ la semence de son génie, nul ne peut interdire la culture qui rendra cette semence féconde pour l'humanité. La circulation des idées est à la vie intellectuelle ce qu'est l'atmosphère à la vie matérielle ; tous, par cela seul que nous existons, nous avons le droit de respirer l'air et la pensée.

Il est donc bien certain que l'héritier ou le cessionnaire de l'auteur, le tiers qui se trouve détenteur du droit exclusif de publication, par l'effet de la transmission légale de la propriété, ne doit pas pouvoir, dans un intérêt matériel, ou dans un but politique ou philosophique, retenir l'œuvre et la retirer de la circulation, si les autres hommes réclament cette circulation.

La loi actuelle (de 1793) a tranché toute difficulté en mettant l'œuvre à la disposition de tout le monde, après avoir accordé un privilège temporaire aux ayants droit de l'auteur. La loi nouvelle aura pour objet d'effacer ce caractère de *privilége*, pour faire entrer l'auteur et ses représentants dans les rangs des propriétaires.

Mais que fera-t-on si ce propriétaire cesse de publier l'ouvrage? Comment assurera-t-on le service du public?

A cet égard, la lecture des deux ouvrages de MM. Mareschal et Hetzel, les réflexions soumises à la commission, les discussions auxquelles elle s'est livrée, mettent en évidence deux systèmes :

Ou la publication, abandonnée par le propriétaire, sera laissée, par cet abandon, à la disposition de tout le monde; la concurrence pourra s'en emparer;

Ou bien elle sera à la disposition du premier occupant qui, à son tour, deviendra seul propriétaire, en demeurant toujours soumis à la condition de publier sans chômage.

Ce dernier système a pour mérite la logique et la concordance avec les principes généraux qui régissent la propriété ordinaire. Le principe de propriété veut qu'aucun bien ne demeure vacant. La loi nouvelle, pour se conformer à ce principe, doit vouloir que la propriété sur une œuvre de l'esprit appartienne toujours à quelqu'un. On devra nécessairement déterminer, soit par la loi fondamentale, soit par un règlement d'administration publique ayant force de loi, les mesures à prendre pour constater *la propriété sur les œuvres de l'esprit*, c'est-à-dire à qui appartient cette propriété sur chaque œuvre.

Puis au moyen d'une mise en demeure, avec délai suffisant, celui qui voudrait publier un ouvrage resté pendant longtemps, par exemple dix ans, sans édition nouvelle, pourrait contraindre le propriétaire à publier, faute de quoi il pourrait s'emparer de l'ouvrage, en devenir lui-même propriétaire, toujours à condition de le publier.

Le projet de M. Mareschal contient une disposition dans ce sens, mais sans mise en demeure, et avec faculté pour le propriétaire héritier ou cessionnaire de l'auteur, de rentrer dans sa chose. Le publicateur accidentel, qui aura mis au jour une ou plusieurs éditions, ne deviendra pas définitivement propriétaire, et sera obligé de céder la place si le propriétaire veut reprendre la publication.

En outre, M. Mareschal fait tomber dans le domaine public, tel qu'on l'entend aujourd'hui, la propriété qui se trouve en déshérence; de sorte que tout le monde puisse indéfiniment publier, sans condition. Tandis que, dans la logique du système exposé ci-dessus, l'Etat devrait devenir propriétaire du *bien* intellectuel tombé en déshérence, tout comme il devient propriétaire d'un *bien* matériel qui ne trouve pas d'héritier. L'Etat propriétaire serait tenu de publier comme un simple particulier, faute de quoi il serait exposé à la mise en demeure, etc. Il est clair que, pour la plupart du temps, l'Etat vendrait, comme il le fait pour les biens matériels, le bien intellectuel qui lui incomberait par déshérence.

Dans ces deux systèmes, le propriétaire dépossédé par suite du chômage ne reçoit point d'indemnité.

Cette dépossession, sans compensation, a paru injuste à votre commission, et elle a trouvé dans le projet de M. Hetzel un moyen de ne pas exposer la loi nouvelle à consacrer cette injustice.

M. Hetzel, en effet, repousse l'attribution, après la mort de l'auteur, du monopole de la publication à un seul propriétaire. Il fait tomber immédiatement le droit de publication dans le domaine commun, à la disposition de tous, mais à la charge d'une *redevance* envers le propriétaire. C'est ce qu'il appelle *le domaine public payant.*

Il fait fixer le taux de la redevance, le *tant pour cent* du prix fort qui devra être payé aux représentants de l'auteur, par une commission composée d'auteurs et d'éditeurs.

Il prévoit un bureau chargé de la perception de cette redevance et de la répartition entre les ayants droit.

Votre commission, en remarquant ce qu'il y a d'ingénieux dans la manière dont M. Hetzel formule ce système, déjà débattu dans la commission de 1825, n'a pas cru devoir l'adopter dans son entier ; mais elle a pensé qu'on y pouvait emprunter le principe de la redevance, en le combinant avec les idées dont vous venez, Messieurs, d'entendre l'analyse.

§

Ainsi l'auteur et ses proches parents auraient la propriété, le droit personnel et absolu de publier ou de ne pas publier ; les héritiers collatéraux et les cessionnaires auraient *la propriété, à la condition de publier.* En cas de chômage, constaté par une mise en demeure, tout le monde aurait le droit de publier, mais à la charge d'une redevance au propriétaire.

Nous trouvons des précédents très-pratiques dans les usages de la Société des Auteurs dramatiques, qui permet à tous les théâtres la représentation moyennant une *redevance* proportionnelle à la recette, et dans la Société des Gens de lettres qui permet la reproduction moyennant une *redevance* réglée de gré à gré.

Mais comment régler le taux et la perception de la redevance à payer au propriétaire comme indemnité de la libre publication, quand il ne lui conviendra plus de publier lui-même ?

Des objections sérieuses se sont élevées contre l'intervention d'une *com-*

mission ou d'un *jury* dont la composition serait très-difficile, et qui, tôt ou tard, deviendrait inévitablement une institution régie par l'administration publique, c'est-à-dire exposée aux fluctuations de la politique et aux influences des passions publiques.

Le *bureau* de perception et de répartition menacerait de tourner en agence de contributions, et la juste redevance, qui doit représenter un revenu de propriété, arriverait à prendre une couleur d'impôt qui semblerait une charge pour l'industrie et une entrave à la circulation des idées.

Ce bureau d'ailleurs n'est pas nécessaire en présence des dispositions que conservera ou qu'instituera la loi nouvelle.

La principale de ces dispositions consistera nécessairement dans certaines formalités à remplir à chaque mutation de propriété. Cela devra être quelque chose d'analogue à la *transcription* sur un registre public, qui est exigée par la loi en matière de transmission d'immeubles, afin de constater la propriété vis-à-vis des tiers autres que le vendeur et l'acquéreur.

Une fois le *grand livre de la propriété intellectuelle* établi à l'instar du registre de la propriété immobilière, on saurait toujours à qui appartient la propriété sur telle œuvre, de même qu'on sait aujourd'hui à qui appartient la propriété sur chacune des innombrables parcelles du sol qui changent continuellement de propriétaires.

Le *grand livre de la propriété intellectuelle* étant public (comme le sont les registres des transcriptions immobilières ou les registres des brevets d'invention), les ayants droit à la redevance pourront toujours être connus, et les industriels, honnêtes observateurs du droit et de la loi, iront leur porter la redevance.

D'un autre côté, les formalités de *déclaration préalable* et de dépôt d'exemplaires au moment de toute publication seront maintenues et même fortifiées à titre de garantie pour la propriété ; de sorte que les publicateurs seront connus, le nombre des exemplaires publiés sera connu, et les ayants droit à la redevance iront la réclamer des débiteurs.

Reste à fixer le taux de la redevance.

Il ne peut plus être déterminé de gré à gré puisque chacun pourra publier l'ouvrage en payant la rétribution, de même que chacun passe sur certains ponts en payant le prix fixé pour le péage.

Les commissions ou jurys sont impraticables.

La loi seule peut fixer ce taux. Il doit être uniforme, basé sur le prix fort et non sur des calculs de format ou d'étendue, comme on l'avait proposé lors des travaux de la commission de 1825. Il doit être déterminé pour une durée assez longue, afin que les exploitants puissent calculer avec certitude les frais de leurs entreprises de publication.

§

Ce système de redevance, ce *domaine public payant*, réglé par les dispositions des articles 5, 6, 7 du projet, aurait l'avantage d'empêcher le monopole industriel de la publication des œuvres de l'esprit, monopole dont les inconvénients ont été souvent signalés par ceux que préoccupe la diffusion des idées.

Il aurait aussi l'avantage d'empêcher la concurrence que pourraient faire aux auteurs vivants les œuvres anciennes, si des spéculateurs pouvaient les publier sans être tenus de payer des droits d'auteur.

Il offrirait enfin un moyen d'éviter l'appropriation par l'Etat des œuvres demeurées sans propriétaires par suite d'extinction d'un propriétaire sans héritiers.

On pourrait, pour cette situation, édicter une exception que justifierait très-bien la nature de la propriété intellectuelle. Quand l'*usage* en est acquis au *domaine public payant*, la propriété du *fonds* n'a plus d'autre effet utile que la perception d'une redevance. Les motifs qui font attribuer à l'Etat les *biens vacants* n'existent plus alors. L'Etat percevrait-il la redevance ? elle dégénérerait en impôt. Il ne pourrait qu'adjuger aux enchères le droit à cette redevance, et faire entrer dans le trésor public le prix de l'adjudication.

On a songé à un meilleur usage de la redevance en cas de vacance de la propriété. Ce serait l'attribution aux caisses de secours et de retraite des auteurs et des artistes. Déjà la Société des Auteurs dramatiques a donné un bon exemple. Elle impose aux théâtres une rétribution pour les pièces du domaine public, de même que pour les pièces des auteurs vivants. Elle verse ce produit dans sa caisse, et quand un descendant de la famille d'un auteur est dans une situation pénible, dont la souffrance est aggravée par l'éclat même du nom qu'il porte, la commission des auteurs dramatiques lui fournit, comme une sorte de restitution, le denier qu'elle a récolté sur le produit pécuniaire de l'œuvre.

Nous vous proposons, Messieurs, de demander au législateur la consécration de ce principe (art. 5, § 2°).

La redevance, qui n'appartiendra plus à personne faute d'héritier du propriétaire de l'œuvre, tombera dans les caisses de secours.

Souvent il arrivera, c'est le sort ordinaire de la propriété, qu'elle sera sortie, par transmission régulière, de la famille du créateur de l'œuvre, pour passer dans la famille ou dans le fonds de commerce des libraires. A côté de cette propriété peuvent se trouver des descendants de l'auteur ou de sa famille qu'on souffre de voir sans ressources quand l'œuvre de leur ancêtre enrichit encore ceux qui en font l'objet de leur industrie.

La caisse de secours fera cesser ces spectacles attristants.

Le surplus augmentera les revenus destinés au soulagement des infortunes de la grande famille des littérateurs et des artistes. Les sociétés disposeront ainsi, en les employant à leur destination naturelle, de sommes qui ne seront réellement pas perdues pour le trésor ; elles éviteront seulement à l'administration publique les soins et les soucis de la distribution.

§.

Voici, Messieurs, une rédaction proposée pour formuler en articles de loi les principes qui viennent d'être exposés :

Art. 5. — La propriété emportera, pour les personnes désignées dans l'art. 4, l'obligation de publier l'ouvrage ou de le laisser publier par tout le monde moyennant une redevance fixée par la loi.

Dans le cas où ce propriétaire viendrait à cesser la publication en ne faisant point de tirage pendant dix ans, à compter du dernier dépôt légal de la fin de l'ouvrage, il sera loisible à tout le monde de publier l'ouvrage sous les conditions suivantes :

1° Celui qui voudra, le premier, publier l'ouvrage tombé en chômage, signifiera au propriétaire une mise en demeure, en lui déclarant que si un nouveau tirage n'est pas publié dans l'année, il est dans l'intention d'user du droit de publier, qui appartiendra désormais à tout le monde.

2° Quiconque publiera un ouvrage ainsi tombé dans le *domaine public payant*, sera tenu de verser aux mains du propriétaire inscrit sur le *grand livre de la propriété intellectuelle*, mentionné dans l'article 7 ci-dessous, une redevance fixée par la loi.

En cas de déshérence, la redevance sera versée à l'Institut impérial de France, qui la reversera, suivant la nature de l'œuvre, dans la caisse de l'une des Sociétés des Gens de lettres, des Auteurs et Compositeurs dramatiques, des Musiciens ou des Peintres et Sculpteurs.

Le paiement de la redevance sera effectué, pour la totalité des exemplaires, au moment même de la publication.

La date de la publication sera fixée par le dépôt légal, et le nombre d'exemplaires par la déclaration préalable.

3° L'auteur de l'un des ouvrages spécifiés art. 2, ou ses ayants droit désignés art. 3, et celui qui sera le propriétaire d'un ouvrage, à quelque titre que ce soit, pourra, en tout temps, placer spontanément l'ouvrage dans le *domaine public payant*, en faisant une déclaration transcrite sur le grand livre de la propriété intellectuelle (art. 7 ci-dessous).

Art. 6. — La redevance à payer, conformément à l'article 5, est fixée, pour dix ans, à compter de la promulgation de la présente loi, à *cinq pour cent* du prix fort qui devra toujours être indiqué sur les exemplaires, ou déclaré en même temps que le dépôt légal.

Si une loi nouvelle ne fait pas, avant l'expiration des dix ans, une nouvelle fixation, la redevance restera fixée, comme ci-dessus, pour les dix années suivantes, et ainsi de suite de dix ans en dix ans.

Art. 7. — Il sera tenu, à Paris, sous la dénomination de : *Grand Livre de la propriété intellectuelle*, un registre public, sur lequel *tous autres que les auteurs* devront, au moment où ils deviendront propriétaires d'un des ouvrages spécifiés dans l'article 2, faire transcrire en entier le titre constituant leur propriété. Cette transcription sera indispensable pour les constituer propriétaires au regard des tiers.

Sur ce registre seront également transcrites les mises en demeure adressées aux propriétaires en cas de chômage de publication et les réponses desdits propriétaires, les jugements et arrêts qui décideront des questions de propriété sur des ouvrages déterminés.

Ceux qui, soit spontanément, soit après mise en demeure, voudront renoncer à l'exercice de leur droit exclusif de publication, et laisser la publication libre, moyennant la redevance légale, feront inscrire leur déclaration sur le *grand livre de la propriété intellectuelle*.

Un extrait du *grand livre de la propriété intellectuelle* sera périodiquement imprimé (1), et chaque préfecture et sous-préfecture en tiendra un exemplaire à la disposition du public.

Le répertoire du *grand-livre de la propriété intellectuelle* sera aussi imprimé et envoyé dans les préfectures et sous-préfectures pour être librement consulté par le public.

En outre, chacun pourra se faire délivrer, à ses frais, des expéditions textuelles des actes, déclarations, jugements et arrêts transcrits sur le *grand livre de la propriété intellectuelle*.

Telles sont, Messieurs, les dispositions au moyen desquelles votre commission pense que pourraient être mis en pratique les principes que j'ai eu l'honneur de vous exposer en son nom, et qui ne sont que le développement de celui que vous avez voté.

La commission s'est ensuite occupée des dispositions que demandent certaines situations particulières.

III. — *Dispositions spéciales.*

§

Les articles 2 et 3, qui attribuent à l'auteur et à ses proches un droit *personnel* et absolu, quant à la publication de l'œuvre, dont ils peuvent régler à leur gré, en l'étendant ou en la restreignant, la communication au

(1) Ainsi que cela se pratique pour le *Journal de la Librairie* et pour les brevets d'invention.

public, a pour objet principal d'assurer le pouvoir des écrivains, en ce qui touche le soin à donner à leurs ouvrages.

L'article 8, en leur accordant la faculté de régler, par testament, la publication durant les années qui suivront leur décès, aura ce résultat, que l'effet de la volonté de l'auteur ou de ses représentants immédiats, ne soit point paralysé par la mort qui vient toujours inopinément. Les hommes prudents auront donc la faculté d'assurer, par leur testament, l'exécution de leur volonté et la continuation temporaire de leur personnalité, en ce qui touche la disposition intellectuelle de leurs œuvres.

Art. 8.—L'auteur, et ses représentants désignés en l'article 3, seront maîtres de régler par testament la publication de l'œuvre après leur mort.

Ils pourront charger telle personne que bon leur semblera de surveiller la publication à faire par le propriétaire qui leur succédera, comme ils la pouvaient surveiller de leur vivant.

Ils pourront restreindre ou interdire la publication, comme l'auteur pourrait le faire lui-même, pour un temps qui ne pourra pas excéder dix ans après leur mort.

L'article 9 est dicté par le même esprit.

Il permet à l'auteur, qui n'a pas de son vivant publié son ouvrage, et qui ainsi ne l'a point encore constitué à l'état de propriété corporelle, de confier à celui qu'il jugera le plus digne ou le plus capable de continuer sa personnalité intellectuelle, le soin de régler la communication au public de l'œuvre qui n'a point encore vu le jour.

Si l'auteur n'a point disposé spécialement par testament du droit de publier le manuscrit inédit, la propriété, dans les termes du droit commun institué par la loi nouvelle, appartiendra à celui qui sera régulièrement propriétaire du manuscrit.

Cette disposition rendra inutile la loi spéciale qui réglait jusqu'à présent la publication des œuvres posthumes.

Art. 9.—L'auteur conservera le droit absolu de disposer de ses manuscrits *non publiés*, par donation ou par testament, sans être tenu d'observer les lois civiles sur les successions.

Le propriétaire, par succession ou tout autre titre, du manuscrit d'un ouvrage *non publié du vivant de l'auteur*, jouira, comme s'il était l'auteur, des droits définis par la présente loi.

§

Les articles 10 à 14, relatifs aux ouvrages *collectifs*, à la *collaboration*, aux ouvrages *commandés par l'Etat*, aux publications des *Académies*, aux *discours* publics, sont empruntés pour la plupart aux travaux législatifs des sessions de 1839 et 1840, travaux approfondis auxquels ont concouru d'illustres écrivains parmi lesquels nous comptons d'anciens confrères qui ont contribué efficacement à la création et à la prospérité de la Société des Gens de lettres (1).

Ces dispositions s'expliquent d'elles-mêmes ; elles n'ont d'ailleurs qu'une importance secondaire. Ce qui est essentiel, c'est que la loi soit complète, qu'elle ne laisse pas à la jurisprudence le soin de régler, suivant les accidents des procès, des droits reposant sur des combinaisons fréquentes dans l'ordre des travaux intellectuels.

Vous remarquerez qu'il n'y est point question des *anonymes* et des *pseudonymes*. Le système proposé pour constater la propriété par l'inscription au *grand livre de la propriété intellectuelle* suffit pour garantir les droits de tous ceux qui font une publication sans y mentionner le nom de l'auteur.

Art. 10. — La propriété des ouvrages collectifs appartient au publicateur de l'œuvre collective.

Le propriétaire sera tenu de faire inscrire la déclaration de son droit sur *le grand livre de la propriété intellectuelle.*

La propriété des articles ou fragments publiés dans les ouvrages collectifs appartiendra à chaque auteur pour la publication séparée.

Art. 10 *bis*. — Ne seront point considérés comme ouvrages collectifs les œuvres résultant de la simple collaboration de deux ou plusieurs auteurs.

La copropriété de ces ouvrages sera régie par le droit commun.

Art. 11. — La propriété des œuvres publiées sans nom d'auteur, par ordre de l'État et à ses frais, appartiendra à l'État.

Elle tombera dans le domaine public payant (30 ans) après la première publication de la fin de l'œuvre.

La redevance sera payée comme en cas de déshérence (art. 5, § 2°).

Art. 12. — Les actes de l'autorité publique et les publications officielles ne sont pas susceptibles de propriété et appartiennent au domaine public sans paiement.

Art. 13.—La propriété des œuvres publiées par les Bibliothèques, les Académies et autres corps publiquement constitués leur appartiendra dans les conditions de l'article 5.

Toutefois, le droit du *domaine public payant* ne commencera que 30 ans après la première publication de la fin de l'œuvre.

Art. 14. — La propriété des discours prononcés publiquement, tels que cours,

(1) M. Villemain, M. de Salvandy, M. de Lamartine.

sermons, plaidoyers, discours parlementaires et autres, sera régie par la présente loi.

Toutefois, le consentement des propriétaires ne sera pas nécessaire pour imprimer les plaidoyers avec le compte rendu des procès, ni les discours parlementaires avec le compte rendu des débats.

IV.—*Théâtre, Musique, Dessin.*

§

En cherchant à compléter la loi et pour en régler l'application aux *ouvrages dramatiques*, aux *compositions musicales* et aux *œuvres se rattachant à l'art du dessin*, la commission a pu vérifier la solidité des principes posés en tête du projet.

En effet, elle n'a point trouvé de dispositions spéciales à proposer.

La propriété, ainsi que son objet a été défini et que son usage a été réglé, reçoit son application aux œuvres variées de l'intelligence, quelle que soit la forme donnée à l'expression de l'idée.

Quel que soit le mode employé par l'auteur pour pénétrer dans l'esprit des autres hommes, qu'il leur offre un livre à lire, un drame à voir et à écouter, un chant à entendre, une peinture à contempler, son droit sur la communication au public est toujours le même.

La propriété, assise sur ce droit exclusif de communication, a toujours les mêmes caractères et les mêmes conséquences.

Il suffira donc de rappeler par des articles spéciaux cette application générale de la loi.

La pratique ne souffrira aucune difficulté.

Une seule explication nous a paru nécessaire, parce que la loi résoudra une question qui avait agité la jurisprudence et qu'il est bon de décider explicitement. Il s'agit des conséquences de la possession d'une œuvre d'art *originale.*

Pour demeurer fidèle à son principe, la loi doit déclarer que l'auteur, en livrant son dessin, son tableau ou sa statue, n'a point entendu abdiquer le droit absolu de multiplier ou restreindre la communication au public.

Il n'y aura pas de conflit possible.

Celui qui recevra de l'auteur l'œuvre originale, un portrait, par exemple, aura soin, quand il voudra éviter la multiplication des copies ou des imitations par les procédés des arts divers, de se faire céder par l'auteur le droit exclusif de reproduction, la *propriété.* S'il n'a point pris cette précaution, il ne pourra pas trouver mauvais que l'auteur, en dehors de la possession de l'original, à laquelle il a volontairement renoncé, conserve ce qui lui appartient essentiellement, ce qui donne à la loi actuelle un caractère de solidité, la *propriété* de son œuvre.

ART. 15. — La représentation et l'impression des *ouvrages dramatiques* seront régies par la présente loi.

ART. 16. — L'exécution en public, la représentation sur les théâtres et l'impression des *œuvres de musique* seront régies par la présente loi.

ART. 17.—La présente loi régit toutes les *œuvres se rattachant aux arts du dessin*, tels que dessins, tableaux, statues, plans, cartes, médailles, photographies, etc., et la communication qui peut en être faite au public, soit à l'aide de procédés semblables à ceux employés par l'auteur, soit à l'aide de procédés différents.

En conséquence, la possession d'une œuvre d'art originale n'emporte pas le droit de reproduction, ni celui d'exhibition en public.

Mais la possession d'un exemplaire reproduit emporte la libre disposition de cet exemplaire pour l'exposition publique comme pour tout autre usage.

V.—*Déclaration et Dépôt.*

§

Il nous reste à vous entretenir, Messieurs, des dispositions qu'on pourrait appeler la police de la propriété.

Pour assurer au propriétaire la perception de la redevance, il importe qu'il ait un moyen officiel de connaître ou de vérifier le fait de la publication par autrui, l'identité de l'œuvre, l'époque de la publication et le nombre d'exemplaires.

Le mode le plus simple, et qui est d'ailleurs en harmonie avec les lois générales sur la librairie et l'imprimerie, c'est la *déclaration préalable* et le *dépôt* d'un exemplaire.

La *déclaration préalable* est un procédé très-moral en ce qu'il oblige le publicateur à la sincérité, et en ce qu'il donne pour base au calcul de la redevance le nombre d'exemplaires indiqué par celui qui les fabrique.

Le *dépôt* détermine d'une façon précise l'objet de la publication et l'époque où elle s'effectue. Il a, en outre, l'avantage de constituer, par sa régularité même, les archives de la propriété intellectuelle.

Les trois formalités — inscription au grand livre, déclaration préalable, dépôt,— offrent dans leur ensemble les moyens assurés de fixer par des éléments précis les droits respectifs des propriétaires et des publicateurs de toutes les œuvres de l'intelligence.

Quant à la pénalité pour les omissions de déclaration ou de dépôt, elle est la conséquence forcée des prescriptions de la loi. Lorsque la loi commande, il faut qu'elle assure l'obéissance à ses ordres. Et il n'y a pas d'autre moyen, dans notre ordre social, que de punir les contraventions.

Le projet ne s'occupe point de la *contrefaçon*.

Il n'a pas d'autre but que d'instituer la propriété des œuvres de l'intelligence.

Quant à la violation des droits des propriétaires, à cette usurpation du bien d'autrui, qu'on appelle la *contrefaçon*, elle est atteinte par une législation très-énergique et très-favorable aux droits des propriétaires. On ne saurait demander au législateur plus ni mieux que : 1° la faculté accordée au propriétaire de faire saisir, par le commissaire de police, sur sa simple réquisition, sans ordre de justice, les exemplaires publiés sans droit ; 2° la confiscation, conséquence de toute condamnation ; 3° l'application d'une peine, qui est édictée par le Code pénal ; 4° les dommages-intérêts, qui sont réglés par le droit commun.

Art. 18. — Quiconque voudra publier une œuvre quelconque dont la propriété est régie par la présente loi, sera tenu aux obligations suivantes :

1° Il fera, préalablement à la publication, au ministère de l'intérieur, à la préfecture ou à la sous-préfecture, une déclaration écrite et signée de lui ou par son fondé de pouvoir, indiquant le titre ou le nom qu'il donne à l'œuvre, et le nombre des exemplaires qu'il se propose de publier.

Cette déclaration sera transcrite sur le *grand livre de la propriété intellectuelle* et il sera délivré au déclarant un récépissé.

2° Il déposera aux mêmes lieux, au moment de la publication, un exemplaire de l'œuvre publiée.

Ce dépôt sera constaté sur le *grand livre de la propriété intellectuelle*, et il sera délivré au déposant un récépissé.

Pour des cas spéciaux, lorsque le dépôt entraînerait une dépense trop considérable, l'administration publique pourra dispenser le publicateur du dépôt. La dispense sera inscrite sur le grand livre de la propriété intellectuelle.

Art. 19. — La publication effectuée sans avoir été précédée, soit de la déclaration, soit du dépôt, constituera une contravention et sera punie d'une amende de   francs à   francs.

La peine sera prononcée par les Tribunaux de police correctionnelle, sans préjudice des dommages-intérêts dus aux parties lésées.

Art. 20. — La présente loi ne modifie en rien les déclarations et dépôt exigés par les lois générales sur la police de l'imprimerie, de la librairie, ou de la presse.

Mais les déclarations et dépôts, qui sont ou pourraient être ordonnés par ces lois générales, dispenseront des déclarations et dépôt ordonnés par l'art. 18.

Seulement, il en devra toujours être fait mention sur le *grand livre de la propriété intellectuelle*, à la diligence du publicateur.

Paris. — Imprimerie de E. Brière, rue Saint-Honoré, 257.

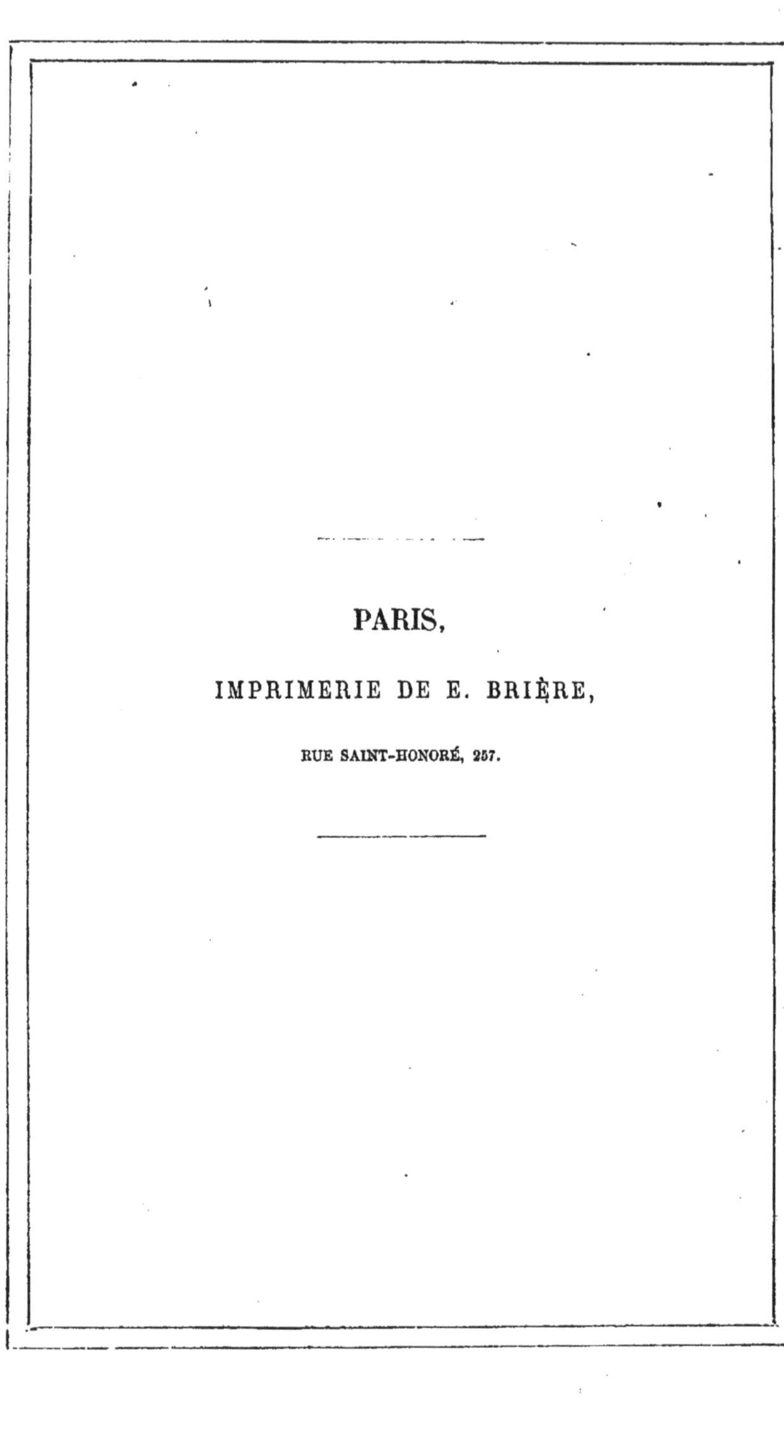

PARIS,

IMPRIMERIE DE E. BRIÈRE,

RUE SAINT-HONORÉ, 257.

www.ingramcontent.com/pod-product-compliance
Ingram Content Group UK Ltd.
Pitfield, Milton Keynes, MK11 3LW, UK
UKHW022149260726
13993UKWH00005B/2249